Leichte Küche *für* Genießer

KÖNEMANN

Die fettarme Ernährung

Abnehmen ist nicht schwer. Man muß nur wissen, wieviel Fett im täglichen Essen enthalten ist. Wenn Sie abnehmen wollen, sollten Sie möglichst nicht mehr als 30–40 g Fett pro Tag zu sich nehmen. Essen Sie mehr schmackhafte ballaststoffreiche Nahrungsmittel, und Sie werden keine Hungergefühle bekommen!

Was macht dick?

Jahrelang haben Ernährungswissenschaftler behauptet, daß fast alle übermäßig aufgenommenen Nahrungsmittel in Körperfett umgewandelt werden könnten. Neuere Forschungen haben erwiesen, daß das falsch ist: in fast allen Fällen ist es allein die Fettaufnahme, die zur Vermehrung des Körperfetts führt.

Proteine wandelt der Körper scheinbar nur ungern in Fett um, und Kohlehydrate nur dann, wenn riesige Mengen davon gegessen werden. Die Kohlehydrate sind die Kraftspender des Körpers. Jeder Überschuß wird in den Muskeln als Glykogen gespeichert und kann die Energie für den Stoffwechsel erhöhen. Erst wenn man mehr als 500 g Kohlehydrate auf einmal ißt – eine Menge, die mehr als 30 Scheiben Brot entspricht – wandelt der Körper diese in Fett um. Deshalb sollte nicht die Scheibe Brot weggelassen werden, sondern der Brotaufstrich!

Alkohol wird oft für übermäßigen Fettansatz verantwortlich gemacht; tatsächlich wird er aber nicht direkt in Körperfett umgewandelt. Alkoholiker, die meist nur wenig essen, sind fast immer dünn. Indirekt trägt Alkoholgenuß allerdings zur Bildung von Körperfett bei, weil er die Verbrennung des in der Nahrung enthaltenen Fetts im Körper erschwert. Alkohol plus Fett ist daher eine denkbar schlechte Kombination.

Zucker (ein schnell absorbiertes Kohlehydrat) kann in Kombination mit Fett einen ähnlichen Effekt hervorrufen: er verhindert, daß der Körper Fett verbrennen und in Energie umwandeln kann. Aber immer sind die fetthaltigen Nahrungsmittel die Hauptursache für Übergewicht.

Wodurch nimmt man zu?

In den westlichen Ländern enthalten die Lebensmittel in zunehmendem Maße versteckte Fette. Vor Jahren aß man noch richtig fette Sonntagsbraten, und die dazu gereichten Kartoffeln sogen das Fett förmlich auf. Ebenso gehörten Fettränder an das Kotelett, und die Scheibe Brot wurde dick mit Butter bestrichen. Heute nehmen wir die Fette in unserer Nahrung nicht mehr so direkt wahr, so daß viele Menschen sich des eigentlichen Fettgehalts mancher Produkte nicht mehr bewußt sind. Margarine zum Beispiel besteht – genau wie Butter – zu mehr als 80% aus Fett; trotzdem glauben die meisten Menschen, sie sei weniger fetthaltig. Snacks und Fast Food tragen erheblich zur Fettaufnahme bei. Wer weiß schon, daß ein Hamburger ca. 30 g Fett enthalten kann? Und wie viele Menschen wissen wohl, daß der Fettgehalt von Pommes frites umso höher ist, je kleiner sie sind?

Wir nehmen immer noch zuviel Fett zu uns. Viele Menschen schneiden zwar das Fett von ihrem Fleisch und kaufen fettreduzierte Milchprodukte, fettarme Dressings, Mayonnaisen und Brotaufstriche und eine Vielzahl anderer fettreduzierter Gerichte, essen dann aber doppelt soviel davon!

Alle Arten von Fett machen dick; aber es gibt Unterschiede. So sind z.B. die Fette in Avocados, Olivenöl, Fisch, Nüssen und Samenkörnern sehr gesund. Trotzdem nimmt man durch ihren Genuß genauso zu wie durch andere, schädlichere Fette.

Ein zu hohes Gewicht hängt auch oft mit Bewegungsmangel zusammen. Die meisten Menschen verbringen viel zu viel Zeit im Sitzen: im Auto, am Schreibtisch oder vor dem Fernseher. Wenn sie mehr zu Fuß gingen, aktivere Berufe und mehr aktive Freizeit hätten, würden die meisten schlank bleiben.

Mit Gemüse und Getreideprodukten lassen sich köstliche sättigende Mahlzeiten zubereiten.

LEBENSMITTEL OHNE FETT

Lebensmittel	Fett (in Gramm)
alle Gemüsesorten	0
alle Obstsorten, außer Avocado	0
entrahmte Milch, nicht fettarme	0
entrahmter Joghurt, nicht fettarmer	0
Getränke, alkoholfreie	0
Getränke, alkoholische (Bier, Wein u.a.)	0
Honig und Zucker	0
Kräuter und Gewürze	0

LEBENSMITTEL MIT GERINGEM FETTGEHALT

Lebensmittel	Fett (in Gramm)
Bohnen, gebacken (Baked beans), 1 Becher	1
Bohnen, z.B. Kidney-Bohnen, 1 Becher	1
Brot, 2 Scheiben (alle Sorten)	1
Getreideprodukte (Cornflakes u.ä.), 1 Portion	1
Couscous, 1 Becher	1
Reis, gekocht, 2 Becher	1
Rosinenbrot, 1 Scheibe	1
Spaghetti, gekocht, 2 Becher	1
Vollkornnudeln, gekocht, 1 Becher (150 g)	1

ANDERE LEBENSMITTEL

Lebensmittel	Fett (in Gramm)
Apfelkuchen, selbstgemacht, 1 Stück	28
Avocado, 1/2	20
Brötchen, 1 Stück	2
Butter, 20 g	16
Caesar Salat (Salat mit Caesar-Dressing), 1 Portion	30
Croissant, 1 Stück	17
durchwachsener Speck, 1 Streifen	10
Ei, 1 Stück	6
Eier mit Speck, 1 Portion	32
Eiscreme mit Schokoglasur, 1 Portion	21
Eiscreme, 100 ml	5
Erdnußbutter, 20 g	10
Fisch, gegrillt, 1 Portion	2
Fisch, in Teig ausgebacken, 1 Portion	24
Fleischpastete, 1 Stück	24
Hähnchen, gebraten, 1 Portion	14
Hähnchenbrust, ohne Haut, 1 Portion	5
Hamburger, Fast Food, 1 Stück	30
Joghurt, 200 g	9
Karottenkuchen, 1 Stück	42
Kartoffelchips, 50 g	16

ANDERE LEBENSMITTEL

Lebensmittel Fett	(in Gramm)
Käse, 30 g	10
Käsekuchen, selbstgemacht, 1 Stück	55
Keks, süß, 1 Stück	4
Knäckebrot, 3 Scheiben	1
Kuchen, Schwarzwälder Kirsch, 1 Stück	34
Lamm, mageres Steak, 100 g	5
Lammkoteletts, gegrillt, 2 Stück	24
Lasagne, 1 Portion	23
Margarine, 20 g	16
Mayonnaise, 1 EL	18
Milch, fettarm, 250 ml	3
Milch, vollfett, 250 ml	10
Muffin, 1 Stück	8
Müsli, geröstet, 1 Portion	9
Nüsse, 50 g	28
Nußkuchen, 1 Stück	33
Öle, alle Sorten, 1 EL	20
Pizza, 1/2 große	18
Plundergebäck, 1 Stück	15
Pommes frites, mit Sauce, 1 Portion	21
Quiche, selbstgemacht, 1 Portion	44
Rührkuchen, mit Sahne, 1 Stück	23
Sahneeis, 2 Kugeln	15
Sahnesauce 125 ml	45
Salami, 50 g	19
Salatdressing, 1 Portion	10
Salzgebäck, Cracker, 1 Stück	1
Schnitzel, 1 Stück	27
Schokolade, 100 g	27
Schweinefleisch, mager, 100 g	5
Schweinekotelett, 1 Stück	30
Spaghetti mit Fleischsauce, 1 Portion	18
Spaghetti mit Tomatensauce, 1 Portion	2
Steak, gegrillt, 1 Stück	33
Steak, ohne Fettrand, 1 Stück	10
Tofu, gedünstet, 100 g	4
Truthahn (Pute), 100 g	2
Würstchen, gegrillt, 1 Stück	15

Diese Liste dient als Anhaltspunkt zur Kontrolle der täglichen Fettaufnahme.
Die Maßangabe 1 Portion stellt den Durchschnittswert für die Bedarfsmenge einer erwachsenen Person dar.

Der Trend zu immer größeren, außergewöhnlichen Leistungen im Sport hat dazu geführt, daß sich immer weniger Menschen trauen, selbst Sport zu treiben. Besonders Kinder fühlen sich blamiert, wenn sie sich im Sport nicht besonders hervortun, und hören darum früh wieder auf sportlich zu sein.

Wie nimmt man ab?

Um abzunehmen, muß man seine Fettaufnahme einschränken und körperlich aktiver werden. Das ist schon alles.

Die alte Methode des Kalorienzählens führt zu wenig überzeugenden Ergebnissen. Die meisten, die mit dem Kalorienzählen anfangen, geben auf und nehmen das verlorene Gewicht wieder zu. Außerdem machen, wie bereits gesagt, Fettkalorien eher dick als Protein-, Kohlehydrat- und Alkoholkalorien. Deshalb ist es langweilig und sinnlos, Kalorientabellen zu studieren.

Sinnvoll ist es jedoch, seinen Blick darauf zu richten, wieviel Fett man zu sich nimmt, und herauszufinden, welches Lebensmittel wenig oder gar kein Fett enthält.

10 Tips für den fettarmen Einkauf

1. Zuerst Obst und Gemüse in den Einkaufswagen legen!
2. Kaufen Sie fettarme Milch, fettarmen Joghurt, Hüttenkäse und fettreduzierten Hartkäse!
3. Kaufen Sie keine Streichfette - wenn Sie keine im Haus haben, können Sie auch keine verwenden!
4. Bleiben Sie im Supermarkt lieber länger im Gang mit Nudeln, Reis, Couscous und anderen Getreideprodukten - und lassen Sie Plätzchen und Süßigkeiten links liegen!
5. Kaufen Sie Thunfisch und anderen Dosenfisch, der in Wasser oder Brühe eingelegt ist, nicht in Öl!
6. Planen Sie Gerichte so, daß das Gemüse im Mittelpunkt steht und das Fleisch die passende Beilage darstellt!
7. Kaufen Sie viele abwechslungsreiche Brotsorten (Brötchen, Fladenbrot, frische Brote in unterschiedlichen Formen)!
8. Kaufen Sie Rosinenbrot oder Hefezopf statt Plätzchen und Kuchen (selbst Cracker sind fettreich)!
9. Zum Backen kaufen Sie Backpapier und fetten die Form möglichst sparsam ein!
10. Lesen Sie die Etiketten: viele Hersteller geben den Fettgehalt ihrer Produkte an. Die Zutaten müssen in der Reihenfolge angegeben werden, die ihrem mengenmäßigen Anteil entsprechen. Vorsicht, wenn ein Fett oben in der Liste auftaucht! Wenn Fett oder Öl erst am Ende der Liste stehen, ist die Menge wahrscheinlich unbedeutend.

Wieviel Fett ist erlaubt?

Ganz fettlos essen zu wollen, ist nicht nötig: eine solche Diät wäre völlig ungeeignet, und ihr würde es an Geschmack fehlen. Wenn Sie abnehmen müssen, sollten Sie versuchen, mit täglich 30–40 g Fett auszukommen. Die kleinere Menge gilt für Frauen und kleine Männer, die größere für durchschnittlich große Männer und sehr große Frauen.

Wenn man auch nicht genau sagen kann, wie schnell jemand abnimmt, so kann man doch sagen, daß ein monatlicher Gewichtsverlust von 1–2 kg hervorragend ist. Wenn Sie glauben, das sei nicht viel, stellen Sie sich eine 500 g-Schachtel Margarine vor – das ist ein halbes Kilo Fett. Außerdem sind Gewichtsverluste durch konstante fettarme Ernährung wahrscheinlich auch dauerhaft.

Sich fettarm zu ernähren bedeutet auch, Hungergefühle zu vermeiden. Die meisten Lebensmittel haben entweder viel Fett und wenig Ballaststoffe oder viel Ballaststoffe und wenig Fett (Nüsse sind die große Ausnahme, sie enthalten von beidem viel). Durch fettärmere Lebensmittel nehmen Sie mehr Ballaststoffe auf, und Ballaststoffe machen satt.

Viele Menschen haben bereits mehrere Diäten ausprobiert und dann wieder abgebrochen, weil ihnen die Diät zu eintönig wurde und sie ständig hungrig waren. Ein breites Angebot von schmackhaften, fettarmen und sättigenden Lebensmitteln macht es einfacher, bei dieser gesunden Ernährungsweise zu bleiben. Ihr Teller darf gehäuft voll sein mit Gemüse, einer guten Portion Reis, Nudeln oder Kartoffeln und einer kleineren Menge Fleisch. Sie werden nicht hungrig, weil Sie jetzt eigentlich mehr essen.

Die Rezepte in diesem Buch helfen Ihnen dabei. Die Suppen enthalten durchschnittlich 3,5 g Fett pro Portion, die Salate und Gemüsegerichte im Durchschnitt 4 g je Portion; die Nudel-, Reis- und Getreidegerichte enthalten nur ca. 5 g pro Portion, der Fettanteil in den Hauptgerichten beläuft sich auf durchschnittlich 6 g je Portion, und die Desserts sind gänzlich fettfrei.

Die Kombination von Obst, Gemüse,

Brot, Getreideprodukten, fettarmen Milchprodukten mit ausgewählten Meeresfrüchten, Geflügel oder magerem Fleisch stellt die Basis einer ausgewogenen fettarmen Ernährung dar. Und denken Sie daran, mit vielen Kräutern und Gewürzen den Geschmack abzurunden!

Die fettarme Party

Viele fettarme Lebensmittel eignen sich gut für Parties oder besondere Anlässe:

❖ Knackiges Gemüse mit einem Dip aus gekochten Kichererbsen, Zitronensaft und Knoblauch.

❖ Meeresfrüchte, aber nicht in Teig ausgebacken oder paniert. Austern, Krabben, Krebse und die meisten Fische haben wenig Fett. Zum Dippen wählen Sie asiatische Chilisauce, Limonen- oder Zitronensaft oder fettarmen Joghurt mit frischen Kräutern und Zitronensaft.

❖ Hähnchenbrust ohne Haut, mariniert in Limonensaft mit Knoblauch, Chili, Zitronengras, Ingwer und einem Löffel Zucker; gegrillt oder auf dem Rost gebraten.

❖ Salate ohne Dressing; Olivenöl und Balsamessig getrennt dazu reichen.

❖ Gemüse: frischer Spargel, Cocktailtomaten, grüne Bohnen, geröstete Paprika; Porree (mariniert in Zitronensaft, in einer beschichteten Pfanne gebraten); gedämpfte kleine neue Kartoffeln, mit Dill bestreut; gegrillte Zucchini, mit Balsamessig beträufelt.

MENÜVORSCHLAG

Lebensmittel Fett	(in Gramm)
Milch in Kaffee oder Tee, über den Tag verteilt	5
Frühstück	
frisches Obst	0
Getreideprodukte (Cornflakes o.ä.)	1
Milch dazu, fettarm	3
Brot	1
Marmelade	0
Zwischenmahlzeit	
Rosinenbrot, 1 Scheibe	1
Mittagessen	
Pasta-Salat (s. Rezept S. 20)	6
knuspriges Brot (ohne Butter oder Margarine)	1
fettarmer Joghurt, 200 g	0
frischer Obstsalat	0
Zwischenmahlzeit	
Apfel	0
Abendessen	
Lammsteaks mit roter Paprikasauce (s. S. 52)	7
gedämpfte Kartoffeln	0
grüner Salat	0
1 TL Olivenöl u. Kräuter + Zitrone zum Salat	5
süße Vanille-Pfirsiche (s. S. 56)	0
Gesamte Fettaufnahme pro Tag	**30**

Frisches Gemüse für farbenfrohe Partyplatten

Suppen

Alle Gerichte in diesem Kapitel enthalten sehr wenig Fett. Sie können sie essen, so oft Sie wollen. Geben Sie etwas Brot (2 Scheiben enthalten 1 g Fett) und frisches Obst (enthält kein Fett) dazu, und Sie haben eine sättigende, fettarme Mahlzeit!

Süßkartoffel-Kürbis-Suppe mit Orange

Vorbereitungszeit:
30 Min.
Zubereitungszeit:
20 Min.
Für 4 Personen

1 Zwiebel, gehackt
1 Knoblauchzehe
1 Zweig Rosmarin
750 g Kürbis, geschält, entkernt und in Stücke geschnitten
500 g Süßkartoffeln, geschält und in Stücke geschnitten
750 ml Hühnerbrühe
250 ml Orangensaft

1. Alle Zutaten in einem großen Topf miteinander vermengen. Zum Kochen bringen, abdecken und auf kleiner Flamme ca. 15 bis 20 Minuten kochen lassen, bis das Gemüse weich ist. Rosmarinzweig entfernen.
2. Die Suppe pürieren. Vor dem Servieren die Suppe wieder in den Topf geben und aufwärmen. In Suppenschalen füllen und mit frisch gemahlenem Pfeffer bestreuen.

Fett pro Portion: 1 g

Hinweis: Zu dieser Suppe paßt gut getoastetes Fladenbrot.

TIP
Beim Pürieren nicht zu große Mengen in die Küchenmaschine oder das Mixgefäß geben. Portionsweises Verarbeiten verhindert, daß die kochend heiße Flüssigkeit überläuft.

Süßkartoffel-Kürbis-Suppe mit Orange

Chinesische Hühnersuppe mit Nudeln

Vorbereitungszeit: 10 Min.
Zubereitungszeit: 25 Min.
Für 4 Personen

6 Stengel Korianderkraut mit Blättern und Wurzeln
1 1/2 l Hühnerbrühe
6 Limonenblätter, getrocknet
1 TL frischer Ingwer, gehackt
2 kleine Hähnchenbrustfilets (250 g), ohne Haut, in feine Streifen geschnitten
175 g feine chinesische Eiernudeln
1 TL frische Chilischote, gehackt
10 Frühlingszwiebeln, in ca. 2 1/2 cm lange Stücke geschnitten
200 g Sojabohnensprossen
1 EL Fischfond

1. Korianderwurzeln abschneiden; Blätter abzupfen, 1/2 Tasse davon aufheben. Brühe, Korianderwurzeln, Limonenblätter und Ingwer in einen großen Topf geben, aufkochen lassen, abdecken und 10 Minuten auf kleiner Flamme kochen lassen. Brühe durchseihen und wieder in den Topf gießen.
2. Hähnchenfleisch in die Brühe geben und zum Kochen bringen. Dann 3 Minuten bei geringer Hitze köcheln lassen.
3. Nudeln in 3 cm lange Stücke brechen, zusammen mit Chili und Frühlingszwiebeln in den Topf geben. 3 Minuten köcheln lassen, bis die Nudeln gar sind. Sojabohnen und Fischsauce zugeben. Vorsichtig umrühren. Nur so lange ziehen lassen, bis die Sprossen noch knackig sind.
4. Die Korianderblätter auf die Suppenteller verteilen, Suppe daraufgeben und servieren.
Fett pro Portion: 3 g

Kartoffel-Porree-Suppe mit Spinat

Vorbereitungszeit: 20 Min.
Zubereitungszeit: 35 Min.
Für 4 Personen

2 TL Olivenöl
1 mittelgroße Zwiebel, geschält und gehackt
1 Knoblauchzehe, zerdrückt
1 TL getrockneter Thymian
2 große Porreestangen
400 g Kartoffeln, geschält und grobgewürfelt
1 l Hühnerbrühe
200 g frischer Spinat, gewaschen und gehackt
1/2 Becher Magermilchpulver
Saft einer halben Zitrone

1. Öl erhitzen. Zwiebel, Knoblauch und Thymian zugeben, abgedeckt bei kleiner Hitze 3–4 Minuten dünsten, ab und zu umrühren.
2. Porreestangen in feine Ringe schneiden, die äußeren, harten Blätter nicht verwenden. Porree und Kartoffeln zu den Zwiebeln geben, zudecken und 3–4 Minuten andünsten, dabei ein- bis zweimal umrühren.
3. Brühe zufügen, aufkochen und ca. 20 Minuten köcheln lassen.
4. Den Spinat zugeben und weitere 3–4 Minuten kochen.
5. Die Suppe pürieren. Dabei das Milchpulver zugeben.
Fett pro Portion: 3 g

Chinesische Hühnersuppe mit Nudeln (oben) und Kartoffel-Porree-Suppe mit Spinat

Gemüsesuppe mit Pesto

Vorbereitungszeit:
15 Min. + Quellzeit über Nacht
Zubereitungszeit:
60 Min.
Für 6 Personen

1 Becher getrocknete weiße Bohnen
2 TL Olivenöl
2 mittelgroße Zwiebeln, feingeschnitten
1 Knoblauchzehe, zerdrückt
1 TL getrocknete Thymianblätter
2 l Hühnerbrühe
2 mittelgroße Kartoffeln, geschält und gewürfelt
1 große Porreestange, geputzt und geschnitten
1 mittelgroße Karotte, in Scheiben geschnitten
2 Becher Kürbis, geschält und gewürfelt
2 Becher Zucchini, in Scheiben geschnitten
2 Becher grüne Bohnen, in Stücke geschnitten
Pfeffer zum Abschmecken

Pesto
1 großes Bund frisches Basilikum
2 Knoblauchzehen, geschält
2 EL Zitronensaft
1 EL Olivenöl, kaltgepreßt
2 EL Pinienkerne
2 EL feingeriebener Parmesankäse

1. Bohnen mit Wasser bedecken und über Nacht quellen lassen.
2. Bohnen abgießen und in $1\frac{1}{2}$ l kaltem Wasser aufkochen lassen, abdecken und 40 Minuten bei geringer Hitze bißfest garen. Danach abgießen.
3. Öl, Zwiebeln, Knoblauch und Thymian zugeben, abdecken und bei niedriger Temperatur 5 Minuten dünsten, dabei die Zwiebeln nicht anbräunen lassen. Brühe, weiße Bohnen, Kartoffeln, Porree, Karotte und Kürbis zugeben, zum Kochen bringen, abdecken und 7–8 Minuten köcheln lassen.
4. Zucchini, grüne Bohnen und Pfeffer zufügen und noch 3–4 Minuten weiterköcheln lassen. Suppe in Servierschälchen füllen, jedes mit einem Löffel Pesto garnieren.

Zubereitung des Pesto: Basilikumblätter mit Knoblauch, Zitronensaft und Öl in die Küchenmaschine geben und fein hacken. Pinienkerne und Parmesan zugeben und alles zu einer glatten Paste verarbeiten.
Fett pro Portion: 10 g

Gemüsesuppe mit Pesto (oben) und Grüne Erbsensuppe

Grüne Erbsensuppe

Vorbereitungszeit:
15 Min.
Zubereitungszeit:
15 Min.
Für 4 Personen

1 l Hühnerbrühe
500 g tiefgekühlte Erbsen
6 Frühlingszwiebeln, kleingeschnitten
3 oder 4 große äußere Kopfsalatblätter,
1 TL Zucker
1 großer oder 2 kleine Zweige frischer Rosmarin
$\frac{1}{2}$ Becher Minzezweige
Saft einer Zitrone
125 ml fettarmer Joghurt
schwarzer Pfeffer

1. Brühe erhitzen. Erbsen, Frühlingszwiebeln, Salat, Zucker, Rosmarin und Minze zugeben. Aufkochen, abdecken und 5 Minuten bei geringer Temperatur kochen lassen, so daß die frische grüne Farbe erhalten bleibt. Rosmarin und Minze entfernen.
2. Die Suppe mit dem Mixer glattrühren.
3. Die fertige Suppe auf Teller verteilen. In jede Portion einen Löffel Joghurt spiralförmig einrühren und mit gemahlenem schwarzen Pfeffer bestreuen. Sofort servieren.
Fett pro Portion: 1 g

Suppe mit Meeresfrüchten

Vorbereitungszeit:
15 Min.
Zubereitungszeit:
45 Min.
Für 4 Personen

500–750 g Fischgräten oder 1 Fischkopf
1 l kaltes Wasser
1 mittelgroße Karotte, grob zerkleinert
3 Lorbeerblätter
einige Zweige Petersilie
1 TL Kräutermischung, getrocknet
1/2 Zitrone
2 TL Olivenöl
1 große Zwiebel, feingeschnitten
2 Knoblauchzehen, zerdrückt
1 Porreestange, geputzt und in Ringe geschnitten
500 g Kartoffeln, geschält und gewürfelt
350 g Fischfilets, entgrätet und in Würfel geschnitten
500 g Miesmuscheln mit Schale, geputzt, ohne Bärte
500 g frische Hummerkrabben, ausgelöst, ohne Darmfäden
2 EL Zitronensaft
1/2 Becher Koriander oder Petersilie, frisch gehackt

1. Fischgräten oder -kopf, Wasser, Karotte, Lorbeerblätter, Petersilie, Kräutermischung und Zitrone in einen großen Topf geben. Aufkochen, abdecken und 20 Minuten bei geringer Temperatur kochen. Fischbrühe durchseihen und beiseite stellen.
2. Topf auswaschen. Öl erhitzen, Zwiebel und Knoblauch darin 3–4 Minuten dünsten. Porree und Kartoffeln zugeben und locker mischen. Fischbrühe angießen, aufkochen und ca. 12–15 Minuten köcheln lassen, bis die Kartoffeln gar sind.
3. Fischfilets zugeben und wieder zum Kochen bringen. Muscheln zufügen und einige Minuten mitkochen lassen, bis sie sich öffnen und der Fisch gar ist. Ungeöffnete Muscheln entfernen.
4. Krabben zugeben und kochen lassen, bis sie zartrosa werden. Mit Zitronensaft und Koriander würzen und sofort servieren.

Fett pro Portion: 5 g

Suppe mit Meeresfrüchten

Frühstückssuppe mit Obst

Vorbereitungszeit:
5 Min. + 30 Min. Quellzeit
Zubereitungszeit:
15 Min.
Für 4–6 Personen

750 ml Apfelsaft
1 Becher getrocknete Pfirsiche, in Viertel geschnitten
1 Becher getrocknete Äpfel
1 Becher Backpflaumen
1 Stange Zimt
1 Vanilleschote
1/2 Becher Rundkornreis
250 ml Orangensaft
250 ml Pfirsichsaft
200 g fettarmer Joghurt
1 TL Zimt, gemahlen
2 TL Zucker
2 Orangen, geschält und quer zerteilt
frische Minzezweige zum Garnieren

1. Apfelsaft, getrocknete Pfirsiche, Äpfel und Backpflaumen, Zimtstange, Vanilleschote und Reis in einen großen Topf geben. Beiseite stellen und 30 Minuten einweichen lassen.
2. Die Mischung aufkochen und 15 Minuten bei geringer Temperatur kochen. Abkühlen lassen, Zimtstange und Vanilleschote herausnehmen. (Schwarze Körnchen in der Suppe von der Vanilleschote sind normal.)
3. Orangen- und Pfirsichsaft zufügen und gut durchrühren. Joghurt nur spiralförmig – mit einem Streifeneffekt – einrühren, ohne ihn völlig unterzumischen.
4. Gemahlenen Zimt und Zucker in einer Tasse mischen. Suppe gekühlt in Schälchen servieren; mit Orangenscheiben garnieren und mit Zimt und Zucker bestreuen. Mit Minze dekorieren.
Fett pro Portion: 0 g

Rote-Bete-Suppe

Vorbereitungszeit:
15 Min.
Zubereitungszeit:
15 Min.
Für 4 Personen

2 TL Olivenöl
1 mittelgroße Zwiebel, gehackt
4 mittelgroße frische rote Bete, geschält und gerieben
1 Apfel (Granny Smith), ohne Kerngehäuse und kleingeschnitten
1 Becher Rotkohl, gehobelt
1 l Hühnerbrühe
2 EL Tomatenmark
125 ml Weißwein
200 g fettarmer Joghurt
Schnittlauch oder Petersilie, feingehackt

1. Öl in einem großen Topf erhitzen. Zwiebel darin bei geringer Temperatur unter gelegentlichem Umrühren 4–5 Minuten andünsten.
2. Rote Bete, Apfel, Rotkohl, Brühe und Tomatenmark zugeben, zum Kochen bringen, 10 Minuten bei niedriger Temperatur kochen. Wein angießen. Soll die Suppe heiß verzehrt werden, sofort servieren; soll sie kalt gegessen werden, mindestens 2 Stunden kalt stellen. Die Suppe in Servierschalen füllen und mit einem Schlag Joghurt verzieren. Evtl. mit Schnittlauch oder Petersilie garnieren.
Fett pro Portion: 3 g

TIP
Das Aroma frischer roter Bete macht diese Suppe zu einem Geschmackserlebnis. Statt frischer Knollen kann man auch ein großes Glas (ca. 800 g) rote Bete in Scheiben verwenden (abgetropft). Im Winter heiß, im Sommer gekühlt servieren.

Rote-Bete-Suppe (oben) und Frühstückssuppe mit Obst

Salate & Gemüse

Gemüse können Sie in Salaten und warmen Gerichten sehr phantasievoll verwenden. Die folgenden Rezepte sind köstlich und leicht nachzukochen. Alle enthalten nur ganz wenig Fett – zwischen 1 und 6 g.

Mittelmeer-Salat

Vorbereitungszeit:
15 Min. + 20 Min. Ruhezeit + 30 Min. Kühlzeit
Zubereitungszeit:
15 Min.
Für 4 Personen

1 mittelgroße Aubergine (ca. 500 g), in ca. 1/2 cm breiten Scheiben
Salz
1 EL Olivenöl
1 große rote Zwiebel, in Scheiben geschnitten
1 Knoblauchzehe, zerdrückt
1 TL getrocknete Oreganoblätter
1 rote Paprikaschote, entkernt, in Streifen geschnitten
1 grüne Paprikaschote, entkernt, in Streifen
3–4 mittelgroße Tomaten
1 EL Kapern
2 EL Balsamessig
gemahlener schwarzer Pfeffer

1. Auberginenscheiben mit Salz bestreuen und ungefähr 20 Minuten beiseite stellen.
2. Öl in einer beschichteten Pfanne erhitzen. Zwiebelscheiben, Knoblauch, Oregano und Paprikastreifen hineingeben, zudecken und bei geringer Temperatur andünsten, aber dabei nicht bräunen.
3. Tomaten in eine hitzebeständige Schüssel legen, mit kochendem Wasser übergießen und 2 Minuten stehen lassen. Wasser abgießen und Tomaten in kaltes Wasser tauchen. Haut von oben nach unten abziehen und anschließend die Tomaten in Scheiben schneiden und in eine große Schüssel geben. Die Zwiebel-Paprika-Mischung und Kapern zugeben.
4. Auberginen gründlich abspülen und mit Küchenkrepp trockentupfen.

Mittelmeer-Salat

Unter den heißen Grill legen, bis sie zu bräunen beginnen. In Stücke schneiden und in die Salatschüssel geben. Essig über das Gemüse träufeln, mit Pfeffer bestreuen und gut durchmischen. 30 Minuten kühlen. Mit gehackter Petersilie bestreuen und mit knusprigem Brot servieren.
Fett pro Portion: 5 g

Nudelsalat mit Kräutern

Vorbereitungszeit:
15 Min. + Kühlzeit
Zubereitungszeit:
10 Min.
Für 4 Personen

375 g Spiralnudeln
1 EL Olivenöl
2 Knoblauchzehen
6 Frühlingszwiebeln, feingeschnitten
4 Sardellenfilets, grobgehackt
1 große Karotte, in feine Streifen geschnitten
8 schwarze Oliven, feingeschnitten
1–2 EL Zitronensaft
1 Becher frisches Basilikum, gehackt
1/4 Becher frischer Koriander, gehackt
2 EL frische Minze, gehackt

1. Einen großen Topf mit Wasser zum Kochen bringen, Nudeln *al dente* kochen.
2. Während die Nudeln kochen, das Öl in einer mittelgroßen Pfanne erhitzen und Knoblauch und Frühlingszwiebeln darin 1 Minute andünsten. Topf vom Herd nehmen, Sardellen, Karotte, Oliven, Zitronensaft und Kräuter zugeben und gut mischen.
3. Die Mischung auf die heißen, abgetropften Nudeln geben, gut durchmischen und kalt stellen.
Fett pro Portion: 6 g

Gemüsepfanne mit Zitrone und Honig

Vorbereitungszeit:
10 Min.
Zubereitungszeit:
15 Min.
Für 4 Personen

2 TL Sesamöl
1 mittelgroße Zwiebel, in Achtel geteilt
1 Knoblauchzehe, zerdrückt
1 TL Chilischote, gehackt
1 TL frischer Ingwer, gehackt
1 EL Honig
8 Becher Gemüse, kleingeschnitten (Brokkoli, Blumenkohl, Zucchini, grüne Bohnen, Zuckererbsen, Champignons, Paprikaschote)
125 ml Hühnerbrühe
1 EL Sojasauce
1 EL Zitronensaft

1. Öl erhitzen, Zwiebel anbraten.
2. Knoblauch, Chili, Ingwer und Honig zugeben.
3. Gemüse zugeben und anbraten, bis die Gemüsestücke gar sind.
4. Brühe mit Sojasauce und Zitronensaft mischen, über das Gemüse gießen. Temperatur erhöhen und umrühren.
Fett pro Portion: 3 g

TIP
Für dieses Gericht kann man auch andere Gemüsesorten verwenden oder frische Gemüsereste praktisch verwerten. Welke Gemüse verderben das Gericht allerdings!

Gemüsepfanne mit Zitrone und Honig (oben) und Nudelsalat mit Kräutern

Geröstetes Gemüse

Vorbereitungszeit:
15 Min.
Zubereitungszeit:
25 Min.
Für 4 Personen

2 rote Paprikaschoten
4 kleine Zwiebeln
4 mittelgroße Tomaten
4 Zweige frischer Rosmarin
2 kleine Fenchelknollen
2 Knoblauchknollen
2 TL Olivenöl
frisch gemahlener schwarzer Pfeffer

1. Backofen auf 200 °C vorheizen. Paprikaschoten längs halbieren, Kerne und Häutchen entfernen; Zwiebeln schälen. Tomaten halbieren, ohne dabei den Stielansatz zu durchtrennen. In jede einen Zweig Rosmarin stecken und wieder zuklappen.
2. Fenchelknollen längs halbieren; Knoblauchknollen quer halbieren. Fenchel und Knoblauch mit Öl einpinseln.
3. Gemüse in einer Röstpfanne 25 Minuten im Backofen rösten. Herausnehmen und den gerösteten Knoblauch über dem Fenchel ausdrücken. Mit gemahlenem schwarzen Pfeffer bestreuen und sofort servieren. Paßt zu gegrilltem Fisch, Geflügel und magerem Fleisch.

Fett pro Portion: 3 g

Geröstetes Gemüse

1 Paprikaschoten längs halbieren, Kerne und Häutchen entfernen.

2 Knoblauchknollen quer halbieren, damit der Saft aus den Zehen austreten kann.

3 Das Gemüse in einer Röstpfanne anrichten und 25 Minuten im Ofen rösten.

4 Gemüse herausnehmen und gerösteten Knoblauch über dem Fenchel ausdrücken.

Warmer Kürbissalat

Vorbereitungszeit:
15 Min.
Zubereitungszeit:
20 Min.
Für 4 Personen

1 EL Sesamsamen
2 TL Olivenöl
1 kleine Zwiebel, in feine Ringe geschnitten
1 mittelgroße Fenchelknolle, in dünne Scheiben geschnitten
500 g Kürbis, geschält und in ca. 1/2 cm dicke Scheiben geschnitten
60 ml Orangensaft
2 TL Zitronensaft
2 TL Honig
1 TL Sesamöl
2 TL feingeriebene Orangenschale
2 EL frischer Schnittlauch, gehackt

1. Sesamsamen in einer Bratpfanne nur goldgelb anrösten. Vom Herd nehmen und beiseite stellen.
2. Olivenöl in einer Pfanne erhitzen, Zwiebel und Fenchel hineingeben, abdecken und bei geringer Temperatur 3–4 Minuten andünsten.
3. Kürbis zugeben und mitdünsten, bis er weich ist. Dabei vorsichtig umrühren. In eine flache Schüssel geben.
4. Orangen- und Zitronensaft mit Honig, Sesamöl und Orangenschale mischen. Über den Kürbis gießen und Schnittlauch darüber streuen.
Fett pro Portion: 5 g

Bulgursalat mit Minze

Vorbereitungszeit:
15 Min. + 30 Min. Quell- und Ruhezeit
Zubereitungszeit: keine
Für 4 Personen

1 Becher Weizengrütze (Bulgur)
1/2 Becher getrocknete Aprikosen, gehackt
500 ml kochendes Wasser
1 Salatgurke
1 Becher Minze, gehackt
1/2 Becher Petersilie, gehackt
1/2 Becher Korianderkraut, gehackt
1 kleine rote Zwiebel, sehr feingehackt
1/2 Becher Frühlingszwiebeln, feingehackt
2 EL Zitronensaft
8 schalenförmige Salatblätter (Eisbergsalat)

1. Bulgur und getrocknete Aprikosen in einen Topf mit dicht schließendem Deckel geben. Kochendes Wasser darübergießen, zudecken und 15 Minuten quellen lassen (das Wasser wird aufgesogen).
2. Gurke schälen und längs halbieren. Mit einem Teelöffel die Kerne herauskratzen. Gurke in feine Scheiben schneiden und 15 Minuten beiseite stellen. Falls nötig, mit Küchenpapier trockentupfen.
3. Gurke, Minze, Petersilie, Koriander, Zwiebel, Frühlingszwiebeln und Zitronensaft zum Weizenschrot geben, alles mischen und mit einer Gabel auflockern.
4. Salat in Salatblättern anrichten und mit Fladenbrot und aufgeschnittenen reifen Tomaten servieren. Nach Wunsch mit Petersilie garnieren.
Fett pro Portion: 1 g

Warmer Kürbissalat (oben) und Bulgursalat mit Minze

Augenbohnen mit Porree

Vorbereitungszeit: 5 Min.
Zubereitungszeit: 60 Min.
Für 4 Personen

250 g getrocknete Augenbohnen
1 l Wasser
2 Porreestangen, gut gewaschen
2 TL Olivenöl
1 Knoblauchzehe, zerdrückt
1 EL körniger Senf
250 ml Cidre
1 EL frischer oder 1 TL getrockneter Thymian
2 EL frische Petersilie, gehackt

1. Bohnen mit Wasser bedecken. Aufkochen, Temperatur vermindern und 40 Minuten köcheln lassen.
2. Porree in Ringe schneiden (nur die weißen und zartgrünen Teile verwenden).
3. Öl in einem großen Topf erhitzen, Knoblauch und Porree zufügen und 4–5 Minuten bei geringer Temperatur andünsten.
4. Senf, Cidre, abgetropfte Bohnen und Thymian zufügen, zudecken und noch ca. 15 Minuten kochen, bis die Bohnen weich sind. Mit Petersilie bestreut servieren.

Fett pro Portion: 4 g

TIP
Die kleinen Augenbohnen müssen nicht eingeweicht werden. Bei Verdauungsproblemen sollten Sie sie über Nacht quellen lassen und mit frischem Wasser 25 Minuten kochen.

Augenbohnen mit Porree

1 Augenbohnen in einem großen Topf mit ausreichend Wasser bedecken.

2 Porree in Ringe schneiden, harte äußere Blätter entfernen.

3 Öl in einem großen Topf erhitzen, Knoblauch und Porree andünsten.

4 Senf, Cidre, abgegossene Bohnen und Thymian zufügen.

Kartoffelsalat mit Basilikum-Joghurt-Dressing

Vorbereitungszeit:
10 Min. + Kühlzeit
Zubereitungszeit:
5–10 Min.
Für 4 Personen

500 g neue (kleine) Kartoffeln
2 EL Zitronensaft
200 g fettarmer Joghurt
1 Knoblauchzehe, zerdrückt
1 Becher frisches Basilikum, gehackt
1/2 Becher frische Petersilie, gehackt
frisch gemahlener schwarzer Pfeffer
1 EL geröstete Pinienkerne

1. Kartoffeln abbürsten (falls nötig) und weichkochen. Noch heiß halbieren oder vierteln und mit Zitronensaft beträufeln.
2. Joghurt, Knoblauch, Basilikum, Petersilie und viel schwarzen Pfeffer miteinander verrühren. Über die warmen Kartoffeln geben und vorsichtig untermischen. Abkühlen lassen und kalt stellen. Mit Pinienkernen bestreuen. Mit Vollkornbrot und einem grünen Salat aus verschiedenen Blattsorten, Brunnenkresse und jungem Spinat servieren. Nach Wunsch noch Cocktailtomaten oder rote Bete hinzufügen.
Fett pro Portion: 3 g

Ratatouille

Vorbereitungszeit:
25 Min. + 20 Min. Quellzeit
Zubereitungszeit:
40 Min.
Für 4 Personen

1 mittelgroße Aubergine, kleingeschnitten
4 große Tomaten
1 EL Olivenöl
2 mittelgroße Zwiebeln, gehackt
2 Knoblauchzehen, zerdrückt
1 grüne Paprikaschote, entkernt und kleingeschnitten
1 rote Paprikaschote, entkernt und kleingeschnitten
4 große Zucchini, in Scheiben geschnitten
1 TL getrocknete Oreganoblätter
2 große Lorbeerblätter

1. Aubergine salzen und 20 Minuten beiseite stellen. Salz abspülen und mit Küchenkrepp trockentupfen. Die Tomaten kreuzförmig einritzen und mit kochendem Wasser übergießen. 3–4 Minuten stehen lassen, abschrecken, schälen und grob hacken.
2. Öl erhitzen. Zwiebel sehr weich dünsten. Knoblauch zugeben und 1 Minute mitdünsten.
3. Aubergine, Paprika und Zucchini zugeben und bei mittlerer Hitze 5 Minuten dünsten. Tomaten, Oregano und Lorbeerblätter zufügen, Temperatur vermindern, abdecken und 15 Minuten köcheln lassen. Offen noch 5 Minuten weiterkochen lassen, bis die Flüssigkeit leicht eingedickt ist.
Fett pro Portion: 5 g

TIP
Ratatouille schmeckt köstlich in Pitta-Brot oder zu gegrilltem Fisch oder Geflügel. Eine delikate, fettarme Variante: einige Vertiefungen in das Ratatouille drücken, in jede ein Ei aufschlagen und braten, bis die Eier gestockt sind.

Ratatouille (oben) und Kartoffelsalat mit Basilikum-Joghurt-Dressing

Tomaten mit Basilikumfüllung

Vorbereitungszeit:
20 Min.
Zubereitungszeit:
20 Min.
Für 6 Personen

6 mittelgroße, reife Tomaten
1 großes Bund Basilikum (ca. 2 Becher Blätter)
2 EL frischer Schnittlauch, gehackt
2 Knoblauchzehen, zerdrückt
2 EL Zitronensaft
250 g Ricotta-Käse
Salz und Pfeffer zum Abschmecken
2 Scheiben zerkrümeltes Vollkornbrot
2 EL geriebener Parmesankäse
1 EL Petersilie, gehackt

1. Backofen auf 180 °C vorheizen. Von den Tomaten einen Deckel abschneiden, das Fleisch herausstechen, Tomaten umdrehen und abtropfen lassen. Das Tomatenfleisch zerkleinern und in einem Sieb abtropfen lassen.
2. Die Basilikumblätter, Schnittlauch, Knoblauch und Zitronensaft mit dem Mixer mischen. Ricotta, Salz und Pfeffer und das Tomatenfleisch zufügen, alles gut vermengen.
3. Die Füllung in die ausgehöhlten Tomaten geben, die Brotkrumen darüberstreuen. In eine tiefe Auflaufform legen und 15–20 Minuten backen. Mit Petersilie bestreut servieren.

Fett pro Portion: 5 g

Hinweis: Beim Auslösen der Tomaten darauf achten, daß nicht zuviel Fruchtfleisch entfernt wird, da die Tomaten sonst beim Backen platzen können.

TIP
Mit knusprigen Vollkornbrötchen ergeben die gefüllten Tomaten eine einfache Mahlzeit. Sie passen auch zu gegrilltem Lamm oder Fisch.

Tomaten mit Basilikumfüllung

Kleine leichte Gerichte

Mahlzeiten auf Getreidebasis sind sättigend, delikat und preiswert – selbst die feinsten Nudeln oder ein spezieller Reis wie der italienische Arborio-Reis kosten normalerweise weniger als das preiswerteste Fleisch. Die folgenden Gerichte enthalten zwischen 1 und 7 g Fett pro Portion. Mit reichlich Gemüse, Salat und frischem Brot ergeben sie eine komplette Mahlzeit.

Fettuccine mit grünem Gemüse

Vorbereitungszeit:
20 Min.
Zubereitungszeit:
15–20 Min.
Für 4 Personen

1 EL Olivenöl
2 Knoblauchzehen, feingehackt
4 Sardellenfilets, abgetropft und gehackt
1 frische Chilischote, entkernt und kleingeschnitten
500 g Brokkoli
1 Bund frischer Spargel, in 3 cm lange Stücke geschnitten
1 Bund Rucola, kleingeschnitten
500 g Fettuccine
frisch gemahlener schwarzer Pfeffer
frischer Chili zum Garnieren, in Streifen geschnitten

1. Öl mit Knoblauch, Sardellen und Chili in eine große Bratpfanne geben und bei sehr niedriger Hitze 1–2 Minuten anbraten.
2. Die dicken Brokkolistiele abschneiden, nicht verwenden. Die restlichen fein aufschneiden. Den Brokkoli in kleine Röschen zerteilen. Die Röschen und Stielstücke in die Pfanne geben und 2–3 Minuten unter ständigem Rühren anbraten.
3. Spargel und Rucola in die Pfanne geben und einige Minuten weiter anbraten, bis der Spargel eben gar ist.
4. Während der Gemüsezubereitung einen großen Topf Wasser zum Kochen bringen und die Fettuccine bißfest (*al dente*) garen. Die Nudeln rasch abgießen, dabei ein wenig

Fettuccine mit grünem Gemüse

Wasser zurückhalten, damit die Pasta feucht bleibt. Die Nudeln in eine vorgewärmte tiefe Schüssel umfüllen. Gemüse untermischen, mit viel schwarzem Pfeffer bestreuen und sofort servieren. Mit feinen Chilistreifen garnieren.
Fett pro Portion: 7 g

Fusilli mit Thunfisch

Vorbereitungszeit: 20 Min.
Zubereitungszeit: 15 Min.
Für 6 Personen

400 g Fusilli (oder andere spiralförmige Nudeln)
1 EL Olivenöl
10 Frühlingszwiebeln, gehackt
500 g kleine Champignons, geviertelt
2 Knoblauchzehen, zerdrückt
Thunfisch aus der Dose (ca. 425 g, in Wasser), abgegossen und zerteilt
2 TL feingeriebene Zitronenschale
2 EL Zitronensaft
1/3 Becher Petersilie, gehackt
1/3 Becher Schnittlauch, gehackt

1. Einen großen Topf Wasser zum Kochen bringen und die Fusilli *al dente* kochen.
2. Während die Nudeln kochen, das Öl in einem mittelgroßen Topf erhitzen und die Frühlingszwiebeln und Champignons bei mittlerer Hitze 3–4 Minuten anbraten, bis die Zwiebeln und Pilze weich sind.
3. Den Knoblauch zugeben und noch 1 Minute mitbraten.
4. Die Nudeln abgießen, wieder in den Topf geben und die Zwiebel-Champignon-Mischung, Thunfisch, Zitronenschale und -saft, Petersilie und Schnittlauch dazugeben und kräftig durchmischen, bis alle Zutaten gut verteilt und erwärmt sind.
Sofort servieren.
Fett pro Portion: 6 g

TIP
Sie können auch rosa oder roten Lachs statt Thunfisch verwenden.

Tofu mit Nudeln

Vorbereitungszeit: 10 Min. + 20 Min. Quellzeit
Zubereitungszeit: 15 Min.
Für 4 Personen

4 oder 5 getrocknete Shiitake Pilze
250 ml Wasser
1 l Hühnerbrühe
1 Becher Brokkolistücke
2 Becher grünes Chinagemüse, kleingeschnitten
250 g feine Reisnudeln, in warmem Wasser eingeweicht (5 Min.)
1 Becher junge Frühlingszwiebeln, in Ringe geschnitten
2 Becher Sojabohnensprossen
200 g Tofu, in 1 cm dicke Würfel geschnitten
1 EL Sojasauce
1 TL Sesamöl

1. Pilze 20 Minuten einweichen und in Scheiben schneiden.
2. Hühnerbrühe aufkochen, Pilze und Brokkoli zugeben.
3. Gemüse und Nudeln zufügen und 3–4 Minuten; Zwiebeln, Soja, Tofu weitere 2 Minuten mitköcheln lassen.
4. Sojasauce und Sesamöl darüber träufeln und sofort servieren.
Fett pro Portion: 4 g

Fusilli mit Thunfisch (oben) und Tofu mit Nudeln

Gegrillte Polenta mit gerösteten Paprikaschoten

Vorbereitungszeit: 25 Min.
Zubereitungszeit: 35 Min.
Für 4 Personen

1 rote Paprikaschote
1 grüne Paprikaschote
1 gelbe Paprikaschote
1 l Hühnerbrühe
1 Prise Salz
1 Becher Polenta (Maismehl)
1 EL Balsamessig
4 Flaschentomaten

1. Paprikaschoten halbieren und mit den Schnittflächen nach unten auf ein Blech legen. Unter den heißen Grill legen, bis die Haut Blasen wirft. Herausnehmen und 2–3 Minuten mit einem feuchten Geschirrtuch abdecken.
2. Während die Paprikaschoten rösten, Brühe mit Salz in eine große gußeiserne Pfanne geben. Aufkochen und Polenta langsam einstreuen, dabei umrühren (mit einem Holzlöffel). Unter Rühren bei mittlerer Hitze 20 Minuten kochen. Eine quadratische Kuchenform von 20 cm Kantenlänge mit kaltem Wasser ausspülen und die heiße Polenta einfüllen. Ca. 15 Minuten stehen lassen, bis sich die Polenta setzt.
3. Währenddessen die Paprikaschoten häuten. Das Fleisch in Streifen schneiden und mit Balsamessig begießen.
4. Tomaten in dünne Scheiben schneiden. Die Polenta aus der Form nehmen, in Scheiben schneiden und unter dem Grill bräunen. Mit den Paprikastreifen und den Tomaten anrichten, mit grobgemahlenem schwarzen Pfeffer bestreuen und servieren.

Fett pro Portion: 2 g

TIP
Polenta enthält sehr wenig Fett. Sie macht ein wenig Aufwand beim Kochen, doch die Mühe lohnt sich. Dies ist eines der wenigen Gerichte, bei dem Salz für den Geschmack notwendig ist.

Gegrillte Polenta mit gerösteten Paprikaschoten

Spaghetti mit Tomatensauce

Vorbereitungszeit:
10 Min.
Zubereitungszeit:
20 Min.
Für 4 Personen

2 TL Olivenöl
1 Zwiebel, feingehackt
2–3 Knoblauchzehen, zerdrückt
1/2 Becher Petersilie, gehackt
2 TL getrocknete Oreganoblätter oder 1 EL frischer Oregano, gehackt
1 große Dose (800 g) Tomaten
2 EL Tomatenmark
125 ml guter Rotwein
500 g Spaghetti
2 EL Kapern
12 schwarze Oliven
1/2 Becher Petersilie, gehackt (zusätzlich)
2 EL frisches Basilikum, gehackt

1. Öl erhitzen und Zwiebel, Knoblauch, Petersilie und Oregano 1–2 Minuten bei niedriger Temperatur anbraten.
2. Tomaten mit der Flüssigkeit, Tomatenmark und Wein zugeben und aufkochen. Abdecken und 5 Minuten köcheln lassen.
3. Die Spaghetti mit kochendem Wasser bißfest (*al dente*) garen.
4. Kapern und Oliven in die Tomatensauce geben und zu den Spaghetti servieren. Mit Petersilie und Basilikum bestreuen.

Fett pro Portion: 5 g

Zucchini-Paprika-Risotto

Vorbereitungszeit:
10 Min.
Zubereitungszeit:
35 Min.
Für 4 Personen

2 TL Olivenöl
2–3 Knoblauchzehen, feingehackt
1 Zwiebel, feingehackt
500 g Zucchini, in Scheiben geschnitten
1 rote Paprikaschote, entkernt und kleingeschnitten
2–3 frische Rosmarinzweige oder 1 TL getrockneter Rosmarin
350 g Arborio-Reis
125 ml Weißwein
1 1/3 l heiße Hühnerbrühe
2 EL feingeriebener Parmesan
2 EL frischer Oregano, gehackt
2 EL frische Petersilie, gehackt

1. Öl, Knoblauch und Zwiebel bei geringer Hitze 2–3 Minuten zugedeckt andünsten.
2. Zucchini, Paprika, Rosmarin und Reis hineingeben und 2–3 Minuten umrühren.
3. Wein und 125 ml Brühe zugeben und aufkochen. So lange köcheln lassen, bis die Flüssigkeit aufgenommen worden ist. Rest der Brühe nach und nach zugeben, bis der Reis gar ist (ca. 20–25 Minuten).
4. Parmesan und Kräuter mit einer Gabel unterrühren. Mit schwarzem Pfeffer aus der Mühle bestreuen und sofort servieren. Nach Wunsch mit Oregano garnieren.

Fett pro Portion: 5 g

TIP
Für ein Risotto kann man auch andere Rundkornreissorten verwenden. Der italienische Arborio-Reis, der viel Wasser aufnimmt, ohne zu kleben, ist die am besten geeignete Sorte.

Spaghetti mit Tomatensauce (oben) und Zucchini-Paprika-Risotto

Couscous mit Gemüse

Vorbereitungszeit:
20 Min.
Zubereitungszeit:
20 Min.
Für 4 Personen

1 Becher Couscous
500 ml kochendes Wasser
2 TL Olivenöl
1 mittelgroße Zwiebel, in Achtel zerteilt
1 TL frischer Ingwer, gehackt
1 Prise Safran
1 Zimtstange
375 ml Hühnerbrühe
1 große Karotte, in Stücke geschnitten
250 g tiefgekühlte Erbsen
250 g Kürbis, geschält u. in Stücke geschnitten
400 g Kichererbsen aus der Dose oder 1 Becher gekochte Kichererbsen, abgetropft
2–3 mittelgroße Zucchini, in Stücke geschnitten
3 EL frische Petersilie, gehackt

1. Couscous mit kochendem Wasser übergießen und dicht verschlossen ca. 10–15 Minuten quellen lassen; dabei den Topf nicht öffnen.
2. Öl erhitzen und Zwiebel, Ingwer und Safran bei geringer Hitze 2–3 Minuten anbraten. Zimtstange, Hühnerbrühe und Karotte zugeben. Aufkochen, abdecken und 5 Minuten offen köcheln lassen.
3. Erbsen, Kürbis, Kichererbsen und Zucchini zufügen und weiterkochen lassen, bis der Kürbis gar ist. Die Petersilie unterrühren, Zimtstange entfernen.
4. Das Couscous auflockern und in eine Servierschüssel geben. Das Gemüse und die verbleibende Kochflüssigkeit darübergießen und sofort servieren.
Fett pro Portion: 4 g

TIP
Couscous ist ein Hauptbestandteil der nordafrikanischen Küche. Um es auf ursprünglichere Art zuzubereiten, in einem Sieb anfeuchten. In eine tiefe Schüssel geben und 250 ml Wasser darübergießen. 10 Minuten quellen lassen, mit den Fingern die Masse zerreiben, so daß das Wasser aufgesogen werden kann. Im dicht verschlossenen Topf mit Dämpfeinsatz über kochendem Wasser oder Brühe in ca. 20 Minuten garen.

Couscous mit Gemüse

1 Couscous in einen Topf geben und mit kochendem Wasser übergießen.

2 Zimtstange, Brühe und Karotte zu Zwiebel, Ingwer und Safran zufügen.

3 Kochen lassen, bis der Kürbis eben gar ist, dann die Petersilie untermischen.

4 Topf öffnen und das gequollene Couscous mit einer Gabel auflockern.

Reis-Auflauf

Vorbereitungszeit:
25 Min.
Zubereitungszeit:
75 Min.
Für 4 Personen

3/4 Becher Naturreis
375 ml Wasser
150 g geriebener fettarmer Käse
1/2 Becher frische Minze, gehackt
1/2 Becher Frühlingszwiebeln, in Ringe geschnitten
1 rote Paprikaschote, entkernt und feingehackt
1 große Karotte, gerieben
2–3 Zucchini, gerieben
1 Becher Maiskörner aus der Dose, abgegossen
3 Eier, verquirlt
125 ml fettarmer Joghurt
1 TL Paprikapulver

1. Backofen auf 180 °C vorheizen. Eine Auflaufform mit ca. 23 cm Durchmesser dünn mit Öl einfetten. Reis mit Wasser aufkochen und abdecken. Temperatur herunterschalten und ca. 25 Minuten köcheln lassen, bis das Wasser ganz aufgesogen ist. Reis in einer Schüssel 5 Minuten abkühlen lassen.
2. Die restlichen Zutaten – bis auf das Paprikapulver – zum Reis geben und in die vorbereitete Form drücken. Nun mit Paprika bestreuen. 50 Minuten backen, herausnehmen und vor dem Servieren 5 Minuten stehen lassen oder kalt stellen. Heiß mit gedämpftem Gemüse oder kalt mit einem Salat servieren.

Fett pro Portion: 5 g

Salat-Baguette

Vorbereitungszeit:
10 Min. + 30 Min. Kühlzeit
Zubereitungszeit:
25 Min.
Für 4 Personen

2 rote Paprikaschoten
1 Baguette
1 EL körniger Senf
1 Dose Thunfisch in eigenem Saft (ca. 185 g), abgegossen
2 EL Kapern
1/2 Becher Petersilie, gehackt
1 EL Zitronensaft
125 ml fettarmer Joghurt
8 Salatblätter
4 kalte gekochte Kartoffeln, in Scheiben geschnitten
2 hartgekochte Eier, in Scheiben geschnitten
frisch gemahlener schwarzer Pfeffer

1. Backofen auf 250 °C vorheizen. Die Paprikaschoten unzerteilt auf ein Backblech legen und 25 Minuten rösten (bis die Haut dunkel wird). Herausnehmen, einige Minuten abkühlen lassen und die Haut abziehen. Halbieren, Kerne entfernen und in Streifen schneiden.
2. Baguette längs aufschneiden und die untere Hälfte dünn mit Senf bestreichen.
3. Thunfisch, Kapern, Petersilie, Zitronensaft und Joghurt verrühren. Salatblätter auf die mit Senf bestrichene Hälfte legen. Die Thunfischmischung, Kartoffeln, Eier und Paprika daraufschichten und mit viel schwarzem Pfeffer würzen.
4. Die obere Brothälfte auflegen. Fest in Klarsichtfolie einwickeln und mindestens 30 Minuten kühlen. Vor dem Servieren in 4 Portionen schneiden.

Fett pro Portion: 6 g

TIP
Sie können auch dünn aufgeschnittene rote Zwiebeln zugeben. Statt Thunfisch können Sie Lachs verwenden – der Fettgehalt erhöht sich dann auf 8 g pro Portion.

Salat-Baguette (oben) und Reis-Auflauf

Pilaw mit Zwiebeln und Mandeln

Vorbereitungszeit:
10 Min.
Zubereitungszeit:
45–60 Min.
Für 2–4 Personen

1 EL Olivenöl
2 mittelgroße Zwiebeln, feingeschnitten
1 Becher Reis (weißer oder Naturreis)
2 EL Rosinen
500 ml Wasser
1 EL Mandeln, gehobelt
1/2 Becher Korianderkraut, gehackt
2 EL frischer Schnittlauch oder Oregano, gehackt
Salz und Pfeffer zum Abschmecken

1. Öl in einer schweren Pfanne erhitzen. Zwiebeln darin zugedeckt bei niedriger Temperatur 20 Minuten dünsten; gelegentlich umrühren.
2. Reis und Rosinen zugeben, 2–3 Minuten lang umrühren; Wasser zugeben und aufkochen. Abgedeckt bei niedriger Hitze 20 Minuten bzw. 30–40 Minuten (Naturreis) kochen.
3. In dieser Zeit die Mandeln in einer trockenen Bratpfanne bei niedriger Hitze goldbraun rösten. Beiseite stellen.
4. Mandeln, Koriander und Schnittlauch oder Oregano unter den gekochten Reis mischen. Abschmecken und mit Oregano servieren.

Fett pro Portion: 7 g

Kräuterbrot

Vorbereitungszeit:
35 Min. + 90 Min. Ruhezeit
Zubereitungszeit:
25 Min.
Für 6 Personen

7 g Trockenhefe
1 TL Zucker
300 ml lauwarmes Wasser
4–5 getrocknete Tomaten
3 Becher Mehl
1 Prise Salz
1 rote Paprikaschote, entkernt und feingehackt
2 TL getrocknete Rosmarinblätter
2 TL getrocknete Oreganoblätter
2 EL frischer Schnittlauch, gehackt
2 TL Olivenöl

1. Ein Backblech dünn mit Öl bestreichen. Hefe und Zucker mit ein wenig Wasser sorgfältig anrühren; restliches Wasser zugeben. An einem warmen Ort ca. 5 Minuten ruhen lassen, bis die Hefe aufgegangen ist. Tomaten in kochendem Wasser 5–10 Minuten einweichen. Wasser abgießen, Tomaten fein hacken.
2. Mehl und Salz in eine große Schüssel sieben, in der Mitte eine Mulde formen, Hefe hineingeben. Zu einem weichen Teig verarbeiten; falls erforderlich, mehr Mehl zugeben.
3. Den Teig auf einer leicht bemehlten Unterlage ca. 10 Minuten kneten. In eine mit Öl ausgepinselte Schüssel legen, zudecken und an einem warmen Ort ca. 60 Minuten gehen lassen.
4. Den Teig noch einmal 2–3 Minuten kneten und ausrollen. Paprika, Tomaten und Kräuter einrollen und weiterkneten. Den Teig zu einem runden Laib formen (ca. 23 cm Durchmesser), auf einem Backblech mit Olivenöl bestreichen und evtl. die Oberfläche einritzen. Weitere 30 Minuten gehen lassen.
5. Ofen auf 200 °C vorheizen und das Brot ca. 25 Minuten backen. Warm servieren.

Fett pro Portion: 3 g

Kräuterbrot (oben) und Pilaw mit Zwiebeln und Mandeln

Hauptmahlzeiten

Gemüse mit Reis, Nudeln oder anderen Getreideprodukten, zusammen mit einer kleinen Portion magerem Fleisch, Geflügel oder Fisch serviert, decken den Nahrungsbedarf des Körpers bei der täglichen Hauptmahlzeit. Die folgenden Rezepte enthalten 2–10 g Fett pro Portion.

Gegrilltes Hähnchen mit asiatischen Kräutern

Vorbereitungszeit: 20 Min.
Zubereitungszeit: 10 Min.
Für 4 Personen

500 g Hähnchenbrustfilets
1 Becher Minze, gehackt
1/2 Bund Koriandkraut, gehackt
1 Becher Basilikum
1/2 grüne Papaya, dünn geschnitten
8 Limonenblätter, feingehackt
1 TL Zitronengras, feingeschnitten
2 TL Ingwer, feingehackt
1–2 Chilischoten, entkernt und feingeschnitten
1 EL gehackte Erdnüsse, geröstet
1 Becher Sojabohnensprossen

Sauce
60 ml frischer Limonensaft
1 EL Zucker
1 1/2 EL Fischfond

1. Die Hähnchenfilets ca. 10 Minuten unter dem vorgeheizten Grill gar braten.
2. Minze, Koriander und Basilikum, Papaya, Limonenblätter, Zitronengras, Ingwer, Chilis, Erdnüsse und Sojabohnensprossen in eine mittelgroße Schüssel geben und gut mischen.
3. Auf Serviertellern das Hähnchenfleisch auf der Kräutermischung anrichten und mit Sauce beträufeln. Nach Wunsch mit Paprikastreifen garnieren. Mit gedämpftem Reis und angebratenen Zuckererbsen oder grünen Bohnen servieren (zum Anbraten für 4 Portionen reicht 1 TL Sesamöl).

Gegrilltes Hähnchen mit asiatischen Kräutern

4. ***Zubereitung der Sauce:***
Alle Zutaten in einer Schale verrühren.
Fett pro Portion des Geflügelgerichts: 6 g.
Mit Zuckererbsen und Reis: 7 g.

Meeresfrüchte-Topf

Vorbereitungszeit: 20 Min.
Zubereitungszeit: 15 Min.
Für 4 Personen

400 g Weißfischfilets, entgrätet
300 g frische mittelgroße oder große Hummerkrabben
12 Miesmuscheln
2 TL Olivenöl
1 große Zwiebel, in Scheiben geschnitten
3 kleine Zucchini, in Scheiben geschnitten
1 Knoblauchzehe, zerdrückt
1 TL getrocknete Thymianblätter
1 TL getrocknete Rosmarinblätter
1 große Dose Tomaten (ca. 800 g), gehackt
125 ml Weißwein
½ Becher Petersilie, gehackt
½ Becher frisches Basilikum, gehackt
2 EL Zitronensaft

1. Fisch in 2 cm große Stücke schneiden. Krabben auslösen und Darmfäden entfernen; Schwänze daranlassen. Muscheln abbürsten.
2. Öl erhitzen; Zwiebel und Zucchini bei geringer Hitze ca. 5 Minuten weich dünsten.
3. Knoblauch, Thymian, Rosmarin, Tomaten und Wein zufügen, aufkochen und offen 5 Minuten köcheln lassen. Den Fisch 2 Minuten mitkochen, bis das Fischfleisch weiß wird.
4. Krabben und Muscheln zugeben und zugedeckt ca. 3 Minuten kochen, bis die Krabben rosa werden und sich die Muscheln öffnen. Petersilie, Basilikum und Zitronensaft einrühren.
Fett pro Portion: 5 g

TIP
Mit gedünsteten Kartoffeln serviert schmekken die Meeresfrüchte besonders gut. Die zusätzlichen Kohlehydrate machen daraus eine kräftige, sättigende Mahlzeit.

Königsmakrelen-Steaks mit Chermoula

Vorbereitungszeit: 10 Min.
Zubereitungszeit: 10 Min.
Für 4 Personen

4 Königsmakrelen-Steaks

Chermoula
1 kleiner Bund frisches Korianderkraut
1 Becher Petersilienzweige
2 Knoblauchzehen
125 ml Zitronensaft
2 TL geriebene unbehandelte Zitronenschale
1 TL Kreuzkümmel, gemahlen
1 TL Paprika, gemahlen
schwarzer Pfeffer, gemahlen

1. Fischfilets grillen oder braten, bis sich die Schichten des Fischfleisches lösen.
2. ***Zubereitung des Chermoula:*** Während der Fisch gart, alle Zutaten in der Küchenmaschine verarbeiten. Zum Fisch servieren.
Fett pro Portion: 2 g

Hinweis: Chermoula ist eine marokkanische Sauce, die man auch als Fischmarinade verwenden kann.

Meeresfrüchte-Topf (oben) und Königsmakrelen-Steaks mit Chermoula

Schweinefleisch mit Nudeln aus dem Wok

Vorbereitungszeit:
20 Min.
Zubereitungszeit:
5–10 Min.
Für 4 Personen

250 g feine Reisnudeln
2 Knoblauchzehen
2 rote Chilischoten
1 EL Nußöl
1 mittelgroße Zwiebel, in Scheiben geschnitten
300 g mageres Schweinesteak oder -filet, in Streifen geschnitten
6–8 Becher Gemüse, kleingeschnitten (Paprikaschote, Brokkoli, Sellerie, Weißkohl, Bohnen, Spargel, Pilze, Blumenkohl, Karotte, Zucchini, Rosenkohl, Aubergine oder Spinat)
1 EL Sojasauce
250 g Sojabohnensprossen

1. Die Nudeln mit kochendem Wasser bedecken und 5 Minuten quellen lassen.
2. Die Chilischoten und den Knoblauch zusammen in einem kleinen Mörser zerstampfen. (Wenn Sie keine scharfen Gerichte mögen, die Chilikerne mit Plastikhandschuhen entfernen.)
3. Das Öl erhitzen. Chili, Zwiebel und Schweinefleisch braten bis das Fleisch gebräunt ist (ca. 5 Minuten).
4. Das Gemüse zugeben und 3–4 Minuten weiterbraten.
5. Sojasauce, Sojabohnensprossen und Nudeln zugeben.
Fett pro Portion: 7 g

Cognac-Hähnchen mit Gemüse

Vorbereitungszeit:
20 Min. + 60 Min. Kühlzeit
Zubereitungszeit:
50–55 Min.
Für 4 Personen

60 ml Limonensaft
2 TL feingeriebene unbehandelte Limonenschale
2 EL Cognac
4 halbe Hähnchenbrustfilets ohne Haut (600 g)
1 kleine Aubergine
2 rote Paprikaschoten
1 grüne Paprikaschote
1 Knoblauchzehe, zerdrückt
3–4 TL Zitronensaft
4 mittelgroße Zucchini
4 große Champignons

1. Limonensaft, Limonenschale und Cognac mischen. Über das Fleisch gießen, abdecken und mindestens 60 Minuten kühlen. Fleisch einmal wenden.
2. Ofen auf 250 °C vorheizen. Aubergine mehrfach einstechen und mit den Paprikaschoten auf ein Backblech legen. 25–40 Minuten rösten. Etwas abkühlen lassen; die gebräunte Haut von den Paprikaschoten abziehen, Schoten halbieren und Kerne und Häutchen entfernen, Saft auffangen (das Gemüse kann bis zum folgenden Arbeitsschritt auch schon vorab vorbereitet werden).
3. Aubergine halbieren und Fleisch herausnehmen. Mit Knoblauch und Zitronensaft zu einer Masse verrühren und beiseite stellen.
4. Hähnchenfleisch 10–15 Minuten grillen, dabei einmal wenden und mit Marinade bestreichen. Zucchini längs halbieren und mit den Champignons in den Grill legen, wenn das Fleisch gewendet wird.
5. Die Paprikaschoten in Streifen schneiden. Auf jede Portion Fleisch ein Viertel der Auberginenmasse geben und mit Paprikastreifen garnieren. Zucchini und Pilze dazulegen.
Fett pro Portion: 3 g

Cognac-Hähnchen mit Gemüse (oben) und Schweinefleisch mit Nudeln aus dem Wok

Lammsteaks mit roter Paprikasauce

Vorbereitungszeit:
20 Min.
Zubereitungszeit:
40 Min.
Für 4 Personen

2 rote Paprikaschoten
3 mittelgroße Tomaten, ohne Kerne
1/2 TL Kreuzkümmel, gemahlen
1 TL Koriander, gemahlen
1 TL Chilischote, gehackt
frisch gemahlener Pfeffer
2 TL frische Minze, gehackt
1 Knoblauchzehe
4 Lammsteaks à 110 g, ohne Fettränder
frische Korianderblätter zum Garnieren

1. Ofen auf 250 °C vorheizen. Paprikaschoten auf ein Backblech legen und 15 Minuten rösten. Tomaten zugeben und weitere 10 Minuten rösten.
2. Abkühlen lassen und die gebräunte Haut von den Schoten und Tomaten abziehen. Das Gemüse in einen Mixer geben, mit Kreuzkümmel, Koriander, Chili, Pfeffer, Minze und Knoblauch zu einer sämigen Sauce verarbeiten.
3. Lammsteaks grillen. Auf jeden Teller etwas Paprikasauce geben und ein gegrilltes Lammsteak darauf anrichten. Mit Gemüse oder Salat servieren.

Fett pro Portion: 7 g
(Wenn Sie zum Salat ein Dressing reichen, berücksichtigen Sie dessen Fettgehalt.)

Osso buco

Vorbereitungszeit:
20 Min.
Zubereitungszeit:
150 Min.
Für 4 Personen

2 TL Olivenöl
2 große Kalbshaxenscheiben (Osso buco)
2 mittelgroße Zwiebeln, gehackt
1 Porreestange, gewaschen und in Ringe geschnitten
2 Knoblauchzehen, zerdrückt
1 große Dose Tomaten (ca. 800 g), gehackt
1 große Aubergine, gehackt
250 ml Wasser
250 ml guter Rotwein
2 Lorbeerblätter
1 TL getrocknete Oreganoblätter
1 TL getrocknete Rosmarinblätter
2 TL Zitronenschale, feingerieben
1/2 Becher Oregano, gehackt
1 Knoblauchzehe, zerdrückt (zusätzlich)

1. Das Öl erhitzen. Das Fleisch in 2 Durchgängen kräftig anbräunen, auf einer Platte beiseite stellen. Zwiebel und Porree bei mittlerer Hitze 10 Minuten mitdünsten.
2. Knoblauch 1 Minute mitdünsten. Das Fleisch hineinlegen; Tomaten mit Brühe, Aubergine, Wasser, Wein, Lorbeerblättern, Oregano und Rosmarin zufügen. Aufkochen und zugedeckt auf kleiner Flamme 90 Minuten köcheln lassen.
3. Deckel abnehmen und im offenen Topf noch ca. 30 Minuten weiterköcheln lassen, bis die Sauce eindickt. Zitronenschale, Petersilie und Knoblauch in einem Schälchen verrühren und das auf Servietellern angerichtete Osso buco damit garnieren.

Fett pro Portion: 4 g

TIP
Dieses Gericht muß lange schmoren. Besser schmeckt es aufgewärmt am nächsten Tag.

Osso buco (oben) und Lammsteaks mit roter Paprikasauce

Rindfleisch-Kebabs mit Tomaten-Salsa

Vorbereitungszeit:
15 Min. + Quellzeit + Kühlzeit
Zubereitungszeit:
15 Min.
Für 4 Personen

1 Becher Weizengrütze (Bulgur)
250 ml kochendes Wasser
400 g Rinderhackfleisch, mager
1 Becher Minze, gehackt
½ Becher Petersilie, gehackt
1 TL Kreuzkümmel, gemahlen
8 Holzspieße

Tomaten-Salsa:
1 große reife Tomate, feingehackt
1 rote Zwiebel, feingehackt
2 EL frisches Korianderkraut, gehackt
2–3 EL Zitronensaft
1 TL Zucker
2 TL geriebene unbehandelte Zitronenschale

1. Bulgur in einen Topf, mit kochendem Wasser und mit dicht schließendem Deckel 15 Minuten quellen lassen (das Wasser soll aufgesogen werden).
2. Hackfleisch, Bulgur, Minze, Petersilie und Kreuzkümmel gut durchmischen. Die Masse in 8 Portionen um die Holzstäbchen herum formen. Mindestens 30 Minuten kühl stellen.
3. Die Kebabs grillen und mit Salsa, Salat und Brot servieren.
4. Zubereitung der Salsa: Zutaten mischen und kühl stellen.

Fett pro Portion: 5 g

> **TIP**
> Kaufen Sie nur mageres Rinderhack, oder bereiten Sie aus fettlosem Rind (Oberschale, Rumpsteak) selbst Hackfleisch in der Küchenmaschine zu.

Lachsburger

Vorbereitungszeit:
20 Min. + 30 Min. Kühlzeit
Zubereitungszeit:
10 Min.
Für 6 Personen

250 g Hüttenkäse
1 Dose Lachs (ca. 400 g), abgegossen
½ Becher Weizenkeime
2 TL feingeriebene unbehandelte Zitronenschale
1 kleine Zwiebel, feingehackt
½ Becher Petersilie, gehackt
frisch gemahlener schwarzer Pfeffer
1 Ei, leicht verquirlt

Zum Servieren:
6 Burgerbrötchen
4 Salatblätter
1 große Tomate, in Scheiben geschnitten
6 große Scheiben rote Bete aus dem Glas, abgegossen
1 Becher Sojabohnensprossen
200 g Magerjoghurt
3 EL Minze, gehackt

1. Hüttenkäse in ein Sieb geben und überschüssige Flüssigkeit herausdrücken.
2. Lachs, Hüttenkäse, Weizenkeime, Zitronenschale, Zwiebel, Petersilie und Pfeffer mischen. Das Ei damit verrühren.
3. Die Mischung in 6 Portionen aufteilen und Bratlinge formen, nebeneinander auf Teller oder eine Platte legen, mit Klarsichtfolie abdecken und 30 Minuten kühl stellen.
4. Die Bratlinge in einer beschichteten Pfanne auf jeder Seite ca. 5 Minuten braten.
5. Brötchen halbieren und toasten. Salatblatt, Tomate und rote Bete auf die untere Hälfte legen; Bratling, Bohnensprossen, Joghurt und Minze darauflegen und mit der oberen Brothälfte abdecken. Sofort servieren.

Fett pro Portion: 7 g

Rindfleisch-Kebabs mit Tomaten-Salsa (oben) und Lachsburger

Desserts

In den folgenden Rezepten wird kein Fett verwendet. Die meisten enthalten allerdings ein wenig Honig oder Zucker - denken Sie bitte daran, daß Sie langsamer abnehmen werden, wenn Sie zuviel davon essen! Genießen Sie die Desserts in Maßen oder nur zu besonderen Anlässen.

Süße Vanille-Pfirsiche

Vorbereitungszeit:
5 Min. + mehrere Stunden Kühlzeit
Zubereitungszeit:
10 Min.
Für 4 Personen

8 reife Pfirsiche
500 ml Weißwein
2 EL Honig
1 Vanilleschote, längs zerteilt
Minzeblättchen zum Garnieren

1. Die Pfirsiche mit kochendem Wasser übergießen, 1 Minute stehen lassen und abgießen. Die Haut läßt sich jetzt abziehen.
2. Weißwein, Honig und Vanilleschote in einem Topf verrühren. Bei niedriger Temperatur unter Umrühren erhitzen, bis der Honig aufgelöst ist. Die Pfirsiche zugeben und dünsten, bis das Fruchtfleisch gerade weich ist. Abkühlen lassen, mehrere Stunden kalt stellen. Vanilleschote herausnehmen. Die Pfirsiche mit Kochflüssigkeit in Cocktailgläsern servieren.

Fett pro Portion: 0 g

TIP
Die süßen, weißfleischigen Spätsommerpfirsiche eignen sich für dieses Rezept am besten. Im Winter nehmen Sie evtl. konserviertes Obst und servieren es warm oder kalt.

Süße Vanille-Pfirsiche (oben) und Aprikosensoufflé

Aprikosen-soufflé

Vorbereitungszeit:
25 Min.
Zubereitungszeit:
30 Min.
Für 4 Personen

150 g getrocknete Aprikosen, grobgehackt
250 ml Orangensaft
3 Eiweiß
2 EL feiner Zucker
2 TL Puderzucker

1. Ofen auf 180 °C vorheizen. Vier Soufflé-förmchen leicht mit Öl einfetten. Boden und Seitenwände mit feinem Zucker bestreuen, überschüssigen Zucker ausschütteln. Um jede Form aus Backpapier einen erhöhten Rand formen und mit Küchenzwirn befestigen. Das Papier leicht einfetten.
2. Aprikosen mit Orangensaft aufkochen, Temperatur vermindern und die Aprikosen weichköcheln lassen. Vom Herd nehmen und abkühlen lassen. In der Küchenmaschine pürieren.
3. Eiweiß mit dem Mixer in einer kleinen, trockenen Schüssel schlagen, bis sich kleine Spitzen bilden. Nach und nach Zucker unterschlagen.
4. Das Aprikosenpüree mit einem großen Metalllöffel unter das steife Eiweiß heben, in die Förmchen füllen und auf ein Backblech stellen. Ca. 20 Minuten backen, bis die Soufflés gut aufgegangen und durchgebacken sind. Das Papier entfernen und sofort mit gesiebtem Puderzucker bestreut servieren.

Fett pro Portion: 0 g

Orangen in Brandy

Vorbereitungszeit:
15 Min. + 180 Min. Kühlzeit
Zubereitungszeit:
10 Min.
Für 4 Personen

1 EL unbehandelte Orangenschale, in feine Streifen geschnitten
125 ml Wasser
1/2 Becher Zucker
6–8 Orangen, geschält und in enthäutete Scheiben zerteilt
250 ml Orangensaft
3 EL Weinbrand

1. Orangenschale mit kochendem Wasser übergießen. Nach 3–4 Minuten abgießen.
2. In einem kleinen Topf den Zucker in Wasser unter Rühren auflösen und aufkochen. Orangenschale zugeben und ca. 8–10 Minuten kochen, bis sie glasig wird.
3. Orangen in feine Scheiben schneiden und in einer Glasschale anrichten. Die gekochten Orangenschalen mit dem restlichen Sirup daraufgeben. Orangensaft mit Weinbrand verrühren und darübergießen. Mindestens 3 Stunden kühl stellen.

Fett pro Portion: 0 g

Gefrorener Orangen-Mango-Joghurt

Vorbereitungszeit:
10 Min. + Gefrierzeit + Kühlzeit
Zubereitungszeit:
keine
Für 6 Personen

2 Mangos
125 ml Orangensaft
1 kg Magerjoghurt

Mangosauce
2 Mangos
2 EL Limonensaft

1. Mangos schälen und Fruchtfleisch von den Steinen ablösen. Das Fruchtfleisch in der Küchenmaschine mit Saft und Joghurt verarbeiten. Die Masse in einem Eiscremebehälter gefrieren lassen. Ersatzweise kann man auch eine Kuchenform be-

Orangen in Brandy (links) und Gefrorener Orangen-Mango-Joghurt

nutzen und die Masse so lange gefrieren lassen, bis sie an den Rändern fest wird. Wieder aus dem Eisfach nehmen und zu einer glatten Masse aufschlagen, danach wieder fest gefrieren lassen. Eine Stunde vor dem Verzehr aus dem Eisfach nehmen und in das Kühlfach stellen. Mit Mangosauce servieren.

2. ***Zubereitung der Sauce:***
Mangos schälen. Im Mixer Mango mit Limonensaft mischen. Bis zum Verzehr kühl stellen.
Fett pro Portion: 0 g

1 *Joghurt in einem mit Musselin ausgelegten Sieb abtropfen lassen.*

2 *Rhabarber mit Saft, Honig, Zimtstange und Nelken in einen Topf geben.*

Honig-Rhabarber mit Joghurt

Vorbereitungszeit:
10 Min. + 120 Min. Stehzeit
Zubereitungszeit:
8 Min.
Für 4 Personen

500 g Magerjoghurt
1 TL Vanilleessenz
1 TL feingeriebene unbehandelte Orangenschale
1 Bund Rhabarber, gewaschen und in 3 cm lange Stücke geschnitten
125 ml Orangensaft
2 EL Honig
1 Zimtstange
6 Gewürznelken
1 TL Zucker
1 TL Zimt, gemahlen

1. Joghurt mit Vanille und Orangenschale in einer mittelgroßen Schüssel verrühren. Ein Sieb mit einem sauberen Musselintuch (o.ä.) auslegen und den Joghurt daraufgießen. Über einer Schüssel mindestens 2 Stunden lang abtropfen lassen, am besten im Kühlschrank.
2. Rhabarber mit Saft, Honig, Zimtstange und Nelken in einen Topf geben. Aufkochen, abdecken und bei ganz geringer Hitze 8 Minuten kochen lassen. Vom Herd nehmen und abkühlen lassen. Zimtstange und Nelken herausnehmen und Rhabarber kalt stellen.
3. Zucker und gemahlenen Zimt in einer kleinen Schüssel mischen. Rhabarber mit einem Schuß von dem abgetropften Joghurt und mit Zucker und Zimt bestreut servieren, am besten gut gekühlt. Bei kühlem Wetter auch heiß zu servieren.

Fett pro Portion: 0 g

Honig-Rhabarber mit Joghurt

3 Zimtstange und Nelken aus der Rhabarbermasse nehmen.

4 Zucker und gemahlenen Zimt in einer kleinen Schüssel mischen.

Erdbeerjoghurt-Eis

Vorbereitungszeit:
15 Min. + Gefrierzeit über Nacht
Zubereitungszeit:
keine
Für 6 Personen

1 Schale Erdbeeren, entstielt (oder 300 g tiefgekühlte Blaubeeren oder Himbeeren)
2 TL Gelatine
2 EL Orangensaft
2 EL Honig
500 g Magerjoghurt
2 Eiweiß
1 EL Zucker

1. Beeren glattpürieren. Gelatine mit Orangensaft in einer Tasse verrühren und in eine Schüssel mit heißem Wasser stellen. Rühren bis die Gelatine aufgelöst ist.
2. Honig und Joghurt in eine Schüssel geben; Gelatinemischung einrühren.
3. Eiweiß steif schlagen. Den Zucker nach und nach gründlich unterschlagen, bis die Mischung dick und glänzend ist. Joghurt und Beerenpüree vorsichtig unter das geschlagene Eiweiß heben. In einen Gefrierbehälter gießen und gefrieren lassen, bis die Masse am Rand fest wird. In eine große Rührschüssel umfüllen und mit dem Mixer cremig schlagen. Wieder in das Gefrierfach stellen und über Nacht (oder bis die Masse fest ist) gefrieren lassen. Eine Stunde vor dem Verzehr aus dem Gefrierfach nehmen und zum Antauen ins Kühlfach stellen. Mit Obstsalat oder Beeren servieren.
Fett pro Portion: 0 g

Heißes Winterobst

Vorbereitungszeit:
10 Min.
Zubereitungszeit:
15 Min.
Für 4 Personen

12 getrocknete Aprikosen
12 Backpflaumen
1/2 Becher Rosinen
250 ml Orangensaft
1 Zimtstange
4 Bananen, geschält und in Scheiben geschnitten
1–2 EL Rum (oder mehr Orangensaft)

1. Aprikosen, Backpflaumen, Rosinen, Orangensaft und Zimtstange in einem Topf aufkochen lassen, zudecken und 10 Minuten köcheln lassen.
2. Bananen zugeben und 2–3 Minuten weiterkochen lassen. Rum oder zusätzlichen Orangensaft zugießen und sofort servieren.
Fett pro Portion: 0 g

Zimtreis-Pudding

Vorbereitungszeit:
5 Min.
Zubereitungszeit:
80 Min.
Für 4 Personen

1/2 Becher Rundkornreis
1 EL Zucker
2 EL Sultaninen
1 TL feingeriebene unbehandelte Orangenschale
750 ml Magermilch
1/2 TL Zimt, gemahlen
2 TL brauner Zucker

1. Eine tiefe feuerfeste Form mit dem Fassungsvermögen von ca. 1 l dünn mit Öl einfetten. Reis in die Form füllen und mit Zucker, Sultaninen und Orangenschale bestreuen. Milch darübergießen und 60 Minuten bei 150 °C im Ofen backen.
2. Zucker und Zimt mischen, über den Pudding streuen und weitere 20 Minuten backen. Den Pudding mit zerkleinerten Orangenschalen garnieren.
Fett pro Portion: 0 g

Heißes Winterobst, Erdbeerjoghurt-Eis und Zimtreis-Pudding

Register

Umschlagfoto (von links oben im Uhrzeigersinn): Aprikosensoufflé (Seite 58), Meeresfrüchte-Topf (Seite 48) und Grüne Erbsensuppe (Seite 13).